BEI GRIN MACHT SICH IHR WISSEN BEZAHLT

- Wir veröffentlichen Ihre Hausarbeit, Bachelor- und Masterarbeit

- Ihr eigenes eBook und Buch - weltweit in allen wichtigen Shops

- Verdienen Sie an jedem Verkauf

Jetzt bei www.GRIN.com hochladen und kostenlos publizieren

Bibliografische Information der Deutschen Nationalbibliothek:

Die Deutsche Bibliothek verzeichnet diese Publikation in der Deutschen Nationalbibliografie; detaillierte bibliografische Daten sind im Internet über http://dnb.d-nb.de/ abrufbar.

Dieses Werk sowie alle darin enthaltenen einzelnen Beiträge und Abbildungen sind urheberrechtlich geschützt. Jede Verwertung, die nicht ausdrücklich vom Urheberrechtsschutz zugelassen ist, bedarf der vorherigen Zustimmung des Verlages. Das gilt insbesondere für Vervielfältigungen, Bearbeitungen, Übersetzungen, Mikroverfilmungen, Auswertungen durch Datenbanken und für die Einspeicherung und Verarbeitung in elektronische Systeme. Alle Rechte, auch die des auszugsweisen Nachdrucks, der fotomechanischen Wiedergabe (einschließlich Mikrokopie) sowie der Auswertung durch Datenbanken oder ähnliche Einrichtungen, vorbehalten.

Impressum:

Copyright © 2015 GRIN Verlag
Druck und Bindung: Books on Demand GmbH, Norderstedt Germany
ISBN: 9783668783096

Dieses Buch bei GRIN:

https://www.grin.com/document/437826

Bianca Lehner

Kompetenz in Erst- und Zweitsprache. Zusammenfassung

GRIN Verlag

GRIN - Your knowledge has value

Der GRIN Verlag publiziert seit 1998 wissenschaftliche Arbeiten von Studenten, Hochschullehrern und anderen Akademikern als eBook und gedrucktes Buch. Die Verlagswebsite www.grin.com ist die ideale Plattform zur Veröffentlichung von Hausarbeiten, Abschlussarbeiten, wissenschaftlichen Aufsätzen, Dissertationen und Fachbüchern.

Besuchen Sie uns im Internet:

http://www.grin.com/

http://www.facebook.com/grincom

http://www.twitter.com/grin_com

VO Kompetenz in Erst- und Zweitsprache SS 2015

Einführung

- Fähigkeit zu sprechen als menschl. Aspekt von Verhalten
- Dimensionen sprachl. Kompetenz:
  - i. engen Sinn: Aussprache, Grammatik, Vokabular verwenden
  - intersprachl. Kompetenz: Sprachen vergleichen u. bewusst zw. ihnen wechseln, Bezug auf syntaktische, morpholog., phonolog. Regularitäten
  - translinguale Kompetenz: zu allen Sprachkompetenzen, Textkompetenz, Textsortenkompetenz, teilw. Kulturell geprägt
- Zweitsprache: ungesteuert, in der Umgebung der Zielsprache (Bestandteil d. tägl. Lebens, focus on meaning)
- Fremdsprache: gesteuert, örtl. u. kulturelle Entfernung zur Zielsprache (Schulfach, focus on form)

Kompetenz – versch. Perspektiven

- Strukturalismus: langue vs. parole; langage = langue (Sprachsystem, unabhängig v. Individuum) + parole (individueller Kommunikationsakt) – Ferdinand de Saussure
- Generativismus/Nativismus: Kompetenz vs. Performanz; vierfache Unterscheidung der Kommunikation – formal möglich, durchführbar mit den vorhandenen Mitteln, angemessen in Relation zu Kontext, tatsächlich vollzogen und mit welchen Folgen → jeder hat Wissen darüber u. wird die Aussagen anderer daraufhin interpretieren u. beurteilen
- Kompetenz in usage-based Ansätzen: Sprachfähigkeiten einer Person (= strukturiertes Inventar symbol. Einheiten) stammen aus gesammelten Erfahrungen mit Sprache in ihrer Verwendung
- Kompetenzorientierung im Unterricht: Kompetenz = Disposition die Personen befähigt, bestimmte Arten v. Problem erfolgreich zu lösen, konkrete Anforderungssituationen e. best. Typs zu bewältigen
Lehrpläne: Allgemein – Ausdrucks-, Denk-, Kommunikations- u. Handlungsfähigkeit v. Sprachkompetenz abhängig, in allen Gegenständen fördern, sprachl. u. kulturelle Vielfalt als bereichernd; Deutsch – Kommunikations- u. Handlungsfähigkeit mit u. über Sprache fördern, Erfahrungen u. Gedanken austauschen, Beziehungen gestalten, Ausdrucksformen v. Texten u. Medien u. deren Wirkung verstehen, sprachl. Gestaltung kreativ einsetzen
GERS: multiperspektiv. Fassung v. Kompetenz = Summe d. deklarativen Wissens, der prozeduralen Fertigkeiten u. persönlichkeitsbezogenen Kompetenzen u. allgem. Kognitiven Fähigkeiten, sprachbezog. Kompetenz = linguist., soziolinguist., pragmat. Kompetenz
- Kompetenzen in mehr als einer Sprache → Bilingualismus, Mehrsprachigkeit

Sprachfähigkeit

- Sprachfähigkeit = zentrales Merkmal, das Menschen v. anderer Spezies unterscheidet, prägt Miteinander d. Menschen- 2 Komponenten: genet.-biolog. Evolution (ermöglicht Sprechen), kulturelle Evolution (ermöglicht Übermittlung v. Symbolsystemen u. Wissen)
- Entstehung v. Sprache: Phylogenese = menschl. Entwicklung → Evolution v. Sprache
- Nativistische Ansicht: Universalgrammatik, Sprachfähigkeit ist angeboren/genet. determiniert (Chomsky), auch Strukturen angeboren
- Anti-nativist. Ansicht: Sprachentstehung beruht auf allgem. kognitiven Fähigkeiten zu Mustererkennung/Regelabstraktion/soziale Fähigkeiten, Sprache als Werkzeug (Everett)
- Andere Kommunikationssysteme: Bienentanz – 3 Informationen: Richtung, Distanz, Qualität
- Merkmale menschl. Sprache: vokal-auditor. Kanal, Übertragung u. direktionale Perzeption, Vergänglichkeit, Austauschbark. v. Sprecher- u. Hörerrolle (Parität), Reflexivität, Spezialisierung d.

- Artikulationsorgane, Semantizität, Arbitrarität (Symbole), Diskretheit, Dislozierung (über Hier und Jetzt hinaus), Produktivität, Weitergabe in e. Tradition (Lernbarkeit), Dualität d. Merkmalsbildung
- Kommunikationssysteme besitzen einige d. Merkmale, z.B. Grüne Meerkatze: versch. Warnrufe f. Adler, Leopard, Schlange; Primaten: höhere Flexibilität im Interpretieren als Produzieren v. Signalen, angebl. Präriehunde komplexestes Kommunikatikonssystem
- Histor. Entwicklung v. Sprache: nicht nachvollziehbar weil empir. Befunde fehlen
- Anatomie d. Sprechapparats (biolog. Prä-Adaptionen f. Sprache): vor 1,5 Mio Jahren überdurchschnittl. Hirnwachstum, Zunahme v. Intelligenz, neuronale Voraussetzungen f. Sprachfertigkeit entwickelt, vor 100.000 Jahren physiolog. Voraussetzungen – veränderte Form d. Ansatzrohrs, Flexibilität, tief ansetzende Zungenwurzel, enge Stimmritze, gewölbte Mundhöhle f. differenzierte Artikulation
- Kulturelle-Intelligenz-Hypothese (PCBT Primate Cognition Test Battery)
- Kommunikativer Drang v. Menschen: gemeinsam begriffl. Hintergrund schaffen, gemeinsame Aufmerksamkeit, geteilte Erfahrungen, gemeinsames kulturelles Wissen, menschl. Zeigegeste als prosoziale Motivation, Kommunikationsmotiv andere auf hilfreiche Weise zu informieren, menschl. Kommunikation als grundlegend kooperatives Unternehmen auf wechselseitig vorausgesetztem gemeinsamem begrifflichem Hintergrund u. wechselseitig vorausgesetzter kooperativer Kommunikationsmotive – geteilte Intentionalität (Wir-Intentionalität), Entstehung v. Kooperation od. Altruismus ev. Teil einer umfassenden menschl. Anpassung zu Kooperation u. Kulturleben allgemein, Sprache als Mittel um Zusammenarbeit effizienter zu koordinieren

Erstspracherwerb

- Ontogenese (= Entstehung v. Sprache im Individuum): Lernmechanismen u. kognitiven u. sozialen Fähigkeiten, um Sprache lernen zu können
- Nativistischer Ansatz: angeborene Strukturen einer Universalgrammatik (Chomsky) oder Gebrauchsbasierter Ansatz: Sprache lernen als Orientierung an kommunikativen Gewohnheiten d. Umgebung → Problem: Kinder lernen wesentl. syntakt. Strukturen jeder mögl. Sprache in wenigen Jahren, fast fehlerfrei ohne Training, beherrschen grammat. Strukturen die sie nie hörten, machen Fehler nicht obwohl sie niemand unterweist (Hypothese logisch zwingend nach Chomsky, obwohl fehlende Evidenz)
- Sozial-kognitive Grundlage d. Spracherwerbs (Tomasello): joint attention (geteilte Aufmerksamkeit), intention reading (Absicht lesen), perspective taking (Perspektive einnehmen), communicative collaboration (kommunikative Zusammenarbeit)
- Sprachl. Sozialisation: distaler Sozialisationsstil = Interaktion über Fernsinne Hören u. Sehen, Wert auf Selbstständigkeit u. Autonomie; proximaler Sozialisationsstil = Interaktion über Nahsinne Fühlen, am Körper tragen, Erziehungsziel Integration u. Respekt vor anderen
- Kindgerichtete Sprache: prosodische Merkmale = höhere Tonlage, größerer Frequenzbereich (extreme Maxima u. Minima), Variabilität d. Tonlage, ansteigende Intonation häufig, melodische Konturen, längere Pausen, klare Segmentation, langsamere Sprechgeschwindigkeit
- Wie viel Input ist notwendig? Vygotsky – Zone der proximalen Entwicklung als Distanz zw. dem was Kind alleine u. was es m. Hilfe erreichen kann, spracharme Umgebung abträglich
- Vorsprachl. Entwicklung: 6-8Wo Gurrlaute, ab 4Mo Babbeln/Lallen, ab 7Mo repetitives Babbeln, ab 10Mo Klosant-Vokal-Verbindungen, Intonationsmuster, Entwicklung zum Lautrepertoire d. Muttersprache, ab 1J erste Lautfolgen in bedeutungstragender Funktion
- Individuelle Unterschiede im Wortschatzerwerb, langsamer Zuwachs bis ca. 50 Wörter, oft Über-/Untergeneralisierungen
- Sprache u. Handlungen im frühen Erwerb (sozial-pragmat. Entwicklung): Wortlernen durch Handlungsroutinen unterstützt
- Grammatikerwerb: nicht-finite Phase (Teller ham), finite Verbformen (Mone schläft), mehrteilige Verben, Nebeneinander komplexer u. einfacher Strukturen, Chunks als Einheiten gelernt
- Sprachl. Inseln (Tomasello): verb island hypothesis, Kindern bilden Konstruktionen um bestimmte Verben
- MLU (Mean Length of Utterance): durchschnittl. Länge d. Äußerungen in Anzahl d. Morphemen
- Grammatikentwicklung: Einwortäußerungen, Zweiwortäußerungen (Person/Objekt + Lokalisierung, Besitzer + Besitz, einige Pluralformen, Artikel, Infinitivartige Formen, Wort u. Negationspartikel, Frage

ohne Inversion), Dreiwortäußerungen (Plural m. allen Regeln, Kasusfehler, Präsensformen d. Vollverben, Fragepronomen, Inversion), komplexe Strukturen (Fehler b. Plural u. Kasus, Satzgefüge)
- Pragmat. u. metagkognitive Fähigkeiten: Konversation u. Erzählung brauchen gute Einbettung v. Äußerungen im Kontext, komplexe kognitive kommunikative linguist. Fähigkeit auf Referenten Bezug zu nehmen, Sprechen an Situation anpassen; wichtige Schritte zw. 2 u. 4 Jahren: Gesprächsthema aufrecht erhalten, Diskurspartikel, Zusammenhänge zw. Aussagen herstellen, Wissen d. Gegenübers miteinbeziehen

Frühe Mehrsprachigkeit

- Frage: Sprache als Resultat angeborener Prozesse (nativist. Sicht, bei Plato) oder durch Umgebung beeinflusst (empir. Sicht, bei Aristoteles – tabula rasa)
- Spracherwerb sehr robust, resistent ggü. Störfaktoren → spricht für nativist. Sicht
- Beeinflussbarkeit: für Erwerb v. 2 Sprachen länger brauchen als v. einer → empir. Sicht
- 2 Erstsprachen = simultaner Erwerb von zwei Sprachen, multiple first language acquisition → zwei linguistische Systeme v. Anfang an unterschieden, Grammatikentwicklung in d. gleichen Stadien wie bei einer Sprache, grammatikal. Wissen jeweils identisch m. monolingual aufgewachsenen Kindern
- Herausforderungen: Sprachenpaar, Kontexte d. Kontakts, sozialer Status d. Sprachen, Vermischung m. sozialem Status, Sprachdominanz im Individuum, Erwerbsalter
- Kategorielle Unterscheidung b. Säuglingen: Sprachunterscheidung = keine Schwierigkeit f. Neugeborene, wenn sehr unterschiedl. Klang; HAS (High Amplitude Sucking) v. 1-4 Monaten, misst Saugrate am Schnuller während d. Spracheinflusses (mehr Saugen = höheres Interesse)
- ältere Ideen zur Repräsentation: anfangs ein einziges System des Erwerbs; 3-Phasen-Modell des bilingualen Erstspracherwerbs: 1) lexikal. System aus Wörtern beider Sprachen 2) unterschiedl. lexikal. Systeme, geteiltes System f. Syntax 3) unterschiedl. grammat. Systeme, Sprachen unterschieden
- Studien: bilinguale Kinder zw. Ein- u. Zwei-Wortstadium können beide Sprachen unterscheiden → hohes Niveau linguist. Kontrolle, anpassungsfähiges Lernen in Bezug auf unmittelbaren Sprachkontext
- Mixing bei zweisprachigen Kindern: 2 Typen v. Code-Switching: 1) inputbasiert – häufigem Code-Switching ausgesetzt, switchen selbst häufiger, auch wenn Eltern Code-Switching akzeptieren, 2) kompetenzbasiert – mehr Code-Switching in schwacher Sprache und wenn keine Übersetzungsäquivalente; Code-Switching nimmt m. Alter ab
- Verlangsamt Zweisprachigkeit d. Erwerb? Bilinguale Kinder fangen später zu sprechen an, doch individuell verschieden, keine Indikation dass sie außerhalb d. Norm lägen, selber Umfang an Vokabular, kein Hinweis auf verlangsamtes Lernen
- Lexikal. Entwicklung: großer Effekt von Input in zwei Sprachen auf d. Wortschatzumfang
- Grammatik vs. Wortschatz: im Schnitt monolinguale Kinder grammatisch weiter entwickelt
- Früher bilingualer Erwerb: Entwicklg. v. Lexikon ist Funktion v. Exposition, Entwicklg. v. Grammatik/Kombinationen ist Funktion v. Exposition, bilinguale Kinder haben höhere kognitive Fähigkeiten als durch einfache Sprachfähigkeiten gezeigt
- Bilingualität ist nicht Summe v. zwei kompletten/inkompletten Monolingualismen, sondern spezifische sprachl. Konfiguration (stetige Interaktion u. Ko-Existenz d. zwei Sprachen)
- Anfang: Inventar v. zieml. isolierten einzelstückbasierten konstruktionstechnischen Inseln (vorfabrizierte Einheiten – Bandbreite v. Mehrworteinheiten) – vom Ganzen zu Einzelteilen oder v. Einzelteilen zum Ganzen
- Stille Phase: Kinder sagen monatelang nichts → keine Ahnung was sie lernen, lt. Krashen eine Mögl. f. Lerner Kompetenz über Hören aufzubauen, Sprechfähigkeit kommt später automatisch; Takahiro spricht v. „rejection stage" als Verweigerung

Erweiterung d. Sprachkompetenz im Kinder- u. Jugendalter

- Native Speaker werden ist hoch effizienter Prozess, Proficient Speaker werden braucht lange Zeit
- Zentral = Literalität (gesprochene u. geschriebene Sprachfähigkeiten, nicht nur Erwerb v. Lesen u. Schreiben, sondern „soziale Literalität" = Prozess m. welchem Personen aus literaler Gesellsch. m. d. Repertoire v. versch. Diskurs-Varietäten vertraut gemacht werden)
- Bereiche d. späteren Spracherwerbs:

- v. konkreten zu abstraktem Wortschatz
- nicht-konventionelle Bedeutungen (Metaphern, Idiome)
- Zugriffs-Geschwindigkeit, Richtigkeit in komplexen Gesprächssituationen
- Niedrig frequente syntakt. u. morpholog. Konstruktionen
- Text- u. Genrekompetenz
- Erwerb beeinflusst v. Kognition (Fähigkeit zu hypothet.-deduktiver Argumentation), Sozialisation u. metalinguist. Bewusstsein – linguist. Fähigkeiten grammatikal. u. lexikal. + kognitive Fähigkeiten + kulturelle Wiedererkennung
- Argumentationskompetenz: Diskursfähigkeiten = Strukturierungskompetenzen oberhalb d. Satz- bzw. Äußerungsebene
- Kontextualisierung (Anpassung), Vertextung (Anforderung an Gattung), Markierung (Strukturierung, Kontextualisierung sprachl. markieren)
- Erwerbsunterstützende vs. erwerbshemmende Interaktionsformen:
  - Fordern u. Unterstützen: Einwenden u. Geltenlassen, Hilfestellung zum Bearbeiten/Lösen, auf Augenhöhe
  - Übernehmen: Selberlösen u. Übernehmen, Verweigerung d. Rederechts d. Kindes, kein Üben d. Diskursaktivität mögl., kann Ergebn. langfristig habitualisierter Anpassung sein
- Erzählkompetenz: Aufgaben v. Erzähler u. Interaktionspartner = Darstellg. v. Inhaltsrelevanz, Thematisieren, Elaborieren, Dramatisieren, Abschließen, Überleiten z. Kontext (Funktion d. Erzählens ist Erfahrungen u. Erlebnisse erinnern u. organisieren bzw. mitzuteilen → persönl. Ziele, Motive, Intentionen, Gefühle d. Erzählers werden deutl. → Tradierung persönl. u. kollektiver Erfahrung bzw. Identitätsbildung
- Funktionen: Belegen v. Behauptungen, Illustrieren, Streiten, Rechtfertigen, Unterhaltung,...
- Stadien d. kognitiven bzw. strukturellen Entwicklung: 1) isoliert (Nennen relevanter Ereignisse), 2) linear (Verknüpfung zu kohärenten Ereignisfolgen), 3) strukturiert (Etablierung e. Bruchs d. erwarteten Ereignisverläufe), 4) narrativ (emotionale Qualifizierung d. Ereignisfolge)
- Erzählkompetenz u. ihre Entwicklung: repräsentative Fähigkeiten, Fähigkeit zu dezentralisieren u. Gedanken zu ordnen, versch. Perspektiven einnehmen, diverses Vokabular u. Metasprache
  - 4Jährige: einfache Struktur, themat. Sprünge, Wiederholungen
  - 6Jährige: stärkere chronolog. Orientierung, linear thematische Organisation, weniger Sprünge, relativ statische Beschreibung
  - 8Jährige: stärker strukturiert, Beschreibungen v. Gefühlen u. Gedanken
- Positive Einflüsse auf Erzählkompetenz: Vorlesen, gemeinsam lesen, Hörspiele, Bücher, Puppentheater, Rollenspiele
- Messung v. Erzählkompetenz: Kohärenz (Geschichte o. Struktur, einfache Struktur m. Beschreibung v. Charakteren u. Objekten, einfache Chronologie v. Ereignissen, Beschreibung v. Gedanken u. Gefühlen – bis 5 Punkte), Kohäsion (themat. Organisation linear m. od. o. Gedankensprünge, Aufrechterhaltung d. Referenz = Wiederholung, Pronomen, Hyperonomien,...)
- Lesekompetenz: geübte Leser = bessere Fernseher – behalten Informationen besser, weil gewöhnt abstrakten Schrifttext durch eig. Kombinationen u. Schlüsse zu ergänzen
- Lesen übt sprachl. u. begriffl. Kompetenzen, Differenzierung v. Perspektiven, emotionale Beteiligung u. Konzentration ein = Schlüssel zur Medienkultur
- Funktionalist. Lesekompetenz (lt. Pisa): Textverstehen als Konstruktionsleistung d. Individuums, aktive (Re)Konstruktion d. Textbedeutung, Aussagen aktiv m. Vor-, Welt- u. Sprachwissen verbinden, Teilkompetenzen: Informationen ermitteln, textbezogen interpretieren, reflektieren u. bewerten
- Dimensionen d. Lesekompetenz nach C. Rosebrock: Kognition (mentale Repräsentation d. i. Text beschriebenen Sachverhalte, Ereignisse), Motivation/subjektive Beteiligung (affektiv engagieren, Lesebereitschaft, Lesebedürfnisse u. –angebote abstimmen), Reflexion (prozessbegleitend, Überprüfung auf Verständnislücken, Anschlusskommunikation)
- Phonolog. Bewusstheit als Voraussetzung: Aufmerksamkeit weg v. inhaltl. Aspekt d. Sprache zum Lautaspekt (Gliederung d. Lautstromes, sprechrhythm. Bezug, Reime erkennen, Wörter in Silben gliedern
- BICS: basic interpersonal communicative skills, konversationelle Flüssigkeit
- CALP: cognitive academic language proficiency, Fähigkeit schriftl. u. mündl. abstrakte Konzepte verstehen u. ausdrücken

- Cummins: Lebenschancen hängen direkt v. Grad der Expertise im Verstehen u. Verwenden v. *Sprache ab*
- Schwierigkeiten akadem. Texte: unpersönl. Ausdrucksweise, fachspezif. Abkürzungen, Fachbegr, komplexe Attribute, erweiterte Nominalphrasen, bes. Aufbau, bes. Wortwahl (neue Semantisierung), verkürzte Nebensatzkonstruktionen,…

Kompetenzen in Deutsch als Zweitsprache

- *Mark Twain am schrecklichsten*: Suche nach richtigem Kasus, Aufbau m. Parenthesen, Verbhäufungen am Ende v. Sätzen, trennbare Verben, kein Sinn im Genussystem, Adjektivdeklination, Komposita, Satzklammer
- Bedeutung v. guten Kompetenzen in Zweitsprache: ohne ausreichend rezeptive u. produktive Sprechfertigkeiten Bildungslaufbahn beeinträchtigt
- Schwierigkeiten f. Kinder mit DaZ: versch. Ebenen d. Textproduktion, Textkohärenz, sprachl. Richtigkeit b. Wortschatz/Syntax/Orthographie
- Zweisprachigkeit an österr. Schulen
- Sprachl. Fähigkeiten in fester Reihenfolge angeeignet
- USB DaZ: Diagnoseinstrument z. Feststellung sprachl. Fähigkeiten, ermöglicht regelm. Beobachtung u. Interpretation v:
    o *Pragmat. Fähigkeiten* (mündl. Sprachhandlungsfähigkeit u. Strategie)
    o *Lexikal.-semant. Basisqualifikation* (Wortschatz)
    o *Morpholog.-syntakt. Fähigkeiten* (Verbstellung, Verbformen,…)
    o *Literale Fähigkeiten* (Textkompetenz, Orthographie)
    o Lesekompetenz u. Aussprachekompetenz NICHT feststellbar! → ELFE 1-6, Phonetik-Diagnosebogen
- Kompetenzbereiche im USB DaZ: *Verben* (Zuweisung d. Personen), Tempus, Genus Verbi (Passiv), Verbstellung in Aussagesätzen, Realisierung v. Subjekt/Objekt, Aussageverbindungen, Wortschatz, mündl. Sprachhandlungsfähigkeit (Mimik/Gestik, basale Verständigung), Strategien (Selbstkorrekturen, Wortneuschöpfungen, *Paraphrase*), Textkompetenz (*assoziativer Text, verketteter Text, gegliederter Text, textfunktionaler Text*), Orthographie
- Profilstufen u. Merkmale d. Lernersprache (Gießhaber): Bruchstücke, Finitum, Verbalklammer, Inversion, Nebensätze
- Überlegungen zur Analyse v. Lernendensprache: Spracherwerb folgt festem Verlauf, Pienemann: Einheiten die eine Stufe über bereits erreichten Sprachstand liegen können durch Unterricht beschleunigt werden, mehr als eine Stufe über Stand, dann stört Unterrichtsstoff bereits erreichten Sprachstand → Orientierung an empir. ermittelten Spracherwerbsstufen!
Fehler, die bei allen Lernern auftauchen, andere Fehler individuell – erwerbsbedingte Strukturen u. Fehler sind sprachspezifisch: Erwerb d. Verbstellung m. zwei Strategien erklärt – COS (*canonical word order strategy*) und IFS (*initialization/finalisation strategy* = Anfangs- u. Endteile e. Äußerung wahrnehmungstechnisch auffälliger)
- *Cummins Schwellenhypothese*: jede bilinguale Lernsituation ist einzigartig, kann nicht generalisiert werden – Unterscheidung: Semibilingualismus (niedriges Niveau, negative kognitive Auswirkungen), Dominanzbilingualismus (eine Sprache gut, keine kognitive Auswirkung), Additiver Bilingualismus (hohes Niveau in beiden Sprachen, positive kognitive Auswirkungen) – Kritik: wenn Schwellenlevel relativ sind, ist Hypothese bedeutungslos/trivial, unzählige Schwellenlevel möglich, wenn Schwellenlevel absolut, unmöglich die Hypothese zu testen
- *Paradigmenwechsel bei Zwei-/Mehrsprachigkeit*: Mensch im Grunde einsprachig angelegt, geistige Mittelmäßigkeit als Folge, Kräfte d. *Charakters leiden* → meiste Menschen sprechen *mehr als eine Sprache*
- DaF-Lernen: Perfekt u. Passiv schwierig – mehr Fehler am Stamm und am Suffix (einwandert/eingewandert, gehaben/gehabt)
- *Input Verarbeitungs-Ansatz*: Lernende haben limitierte Kapazitäten, nicht gleichzeitig auf Form u. Bedeutung achten → Bedeutung erhält Priorität
- *Input Optimierung*: Aussetzung v. bedeutungsvollem natürl. Inhalt ist wichtig im angeleiteten Lernen m. Erwachsenen

- Erfolge d. Noticing: Form-/Bedeutungsfokus bessere Resultate, besseres Behalten d. Formen; meaning-focused Zuwächse; noticing/explizites Lernen kürzt Lernweg ab, vermeidet frühzeitige Fossilierung; explizites Wissen als Facilitator v. implizitem Wissen weil es hilft Charakteristiken d. Inputs zu erkennen
- Form-fokussierte Instruktion führt zu akkuraterer L2-Aneignung, L2-Instruktion führt zu großen, zielorientierten Zuwächsen, explizite Unterweisungen sind effektiver
- Zusammenfassung:
  - Kein Interface = wenig plausibel
  - Noticing Hypothese (wenig Interface): Lernende müssen Aufmerksamk. Auf ein Phänomen lenken um es zu lernen (Grad d. Bewusstheit), explizites Lehren kann Aufmerksamkeit lenken → Beschleunigung d. Erwerbs, Überwinden d. attractor states/Fossilierung
  - Form-fokussiertes Lehren scheint erfolgreich, Zweifel hinsichtl. Art u. Weise d. Effizienzmessung
  - Unterricht → richtige Mischung: gr. Qualität bei Input, Quantität maximieren, Fokus auf Form → noticing stimulieren, Anpassung d. Lehrenden an Stil u. Niveau d. Lernenden

Erreichen v. Kompetenzen im späten Erwerb v. D als Zweit- u. Fremdsprache

- Möglichkeiten zum Fremdsprachenlernen auch zw. traditionellem schulischem Fremdsprachenunterricht u. ungesteuertem Erwerb im Land d. Zielsprache – im Alltag meistens Inhalte, selten um Form
- SLA (second language acquisition): Beschreibung u. Erklärung zum Fremdspracherwerb (warum lernen wir Fremdsprache wie wir es tun)
- Kontrastivhypothese: behavioristisch, Transfer d. Gewohnheiten v. Muttersprache, ähnliche Strukturen leicht zu lernen durch Transfer, funktionieren befriedigend, andere Strukturen schwierig weil sie geändert werden müssen
- Interlanguage/Interimsprache, Lernervielfalt: theorieneutral, allgemein akzeptiert, eigenes linguist. System f. Zielsprache (Interlanguage), systemat. Sprachperformanz, Interlanguage Continuum = Serie von verbundenen Systemen, die den Lernfortschritt kennzeichnen
- Universalgrammatik: generativist. Standpunkte, Lernen braucht regelmäßige Aussetzung über längeren Zeitraum, Versuch- u. Irrtumprozeduren, Triggering schneller als Lernen braucht weniger regelmäßigen u. weniger einfachen Input – versch. Hypothesen zu Zugänglichk. d. UG
- Krashens Monitor Model/Input Hypothese: Verstehbarer Input → affektiver Filter → LAD (Language Acquisition Device) → angeeignetes Wissen → Monitoring durch gelerntes Wissen → Output; bewusstes Lernen nur als Monitoring möglich, Flüssigkeit in Produktion basiert auf dem, was wir aufnehmen
- Schnittstelle zw. explizitem u. implizitem Wissen: keine Schnittstelle (nur Monitorfunktion), schwache Verbindung (explizites Wissen kann wenn gut gelernt automatisiert werden), starke Verbindung (zwei Pole eines Kontinuums)
- Weak interface/noticing: input → noticing → durch Vergleichen ins Kurzzeitgedächtnis → Integration ins Langzeitgedächtnis (Interlanguage System entwickeln) → output
- Interaktionshypothese: Modifikationen, die bei Interaktionen zw. Konversationspartnern auftreten, tragen zum Verständnis bei, Modifikation der Interaktionsstruktur nicht d. Inputs durch Wiederholung, Absicherung u. Verstehenschecks
- Hypothese d. verständl. Outputs: Zielsprache zu produzieren ist d. Auslöser um Lerner zur Aufmerksamkeit auf Ausdrucksmittel zu zwingen
- Gebrauchsbasierte Ansätze (Emergentismen): Sprachfähigkeiten entstehen in Echtzeit, Erklärung durch Untersuchung nicht-sprachl. Faktoren und ihrer Interaktion (Physiologie, Wahrnehmung, Verarbeitung, Arbeitsgedächtnis, soziale Interaktion, Lernmechanismen), linguist. Kompetenz kommt v. zwei Dingen: Gedächtnis aller Äußerungen in Kommunikationssituationen und Induktion v. Regelmäßigkeiten
- Soziokultureller Ansatz: Vygotsky → Zone of proximal development (ZPD), Aufstieg zu höherem linguist. Level durch Interaktion/Zusammenarbeit m. besseren L2-Sprechern
- Alternative Ansätze (kontrastierend od. komplementär zu kognitiven Ansätzen):
  - Funktionalist. Ansatz (Gebrauch als Schlüssel): Gebrauch → Wandel → Wahrnehmung → Lernen → Gebrauch
  - Basisvarietät: Prinzipien = phrasische/syntakt. Regularitäten, semant. Regularitäten, pragmat. Regularitäten
  - Form vs. Bedeutung: implizites Lernen bringt anderen Output als explizites Lernen

Modelle von Mehrsprachigkeit

- Minimalist./maximalist. Definitionen v. Zwei-/Mehrsprachigk: L. Bloomfield – native-like control of two languagues; Braun - aktive vollendete Gleichbeherrschung zweier od. mehrer Sprachen; W.F. Mackey – ability to use more than one language; Vivian Cook – multicompetence state yields more than the sum of ist parts
- Multikompetenz: ursprüngl. Compound state of a mind with two grammars, heute knowledge of more than one language in the same mind = bilingual wholistic interpretation – zugunsten v. Multikompetenz: Normalität d. L2-Benutzers, Rechte d. Individuen, Bi-/Multilinguale unterscheiden sich v. Monolingualen in Sprachkenntnis insgesamt, kognitive Prozesse, Kenntnisse d. L1, metalinguist. Bewusstsein (L2-Benutzer = wer eine zweite Sprache auf irgendeinem Level kennt u. nutzt)
- Faktorenmodell n. Hufeisen: Faktoren, die Sprachlernprozess beeinflussen: neurophysiolog. Faktoren, Faktoren außerhalb d. Lerners, affektive Faktoren, kognitive Faktoren, Sprachspezifische Faktoren, linguist. Faktoren
- DMM (Dynamic Model of Multilingualism): Herdina & Jessner, multilinguale Professionalität als dynam. Interaktion zw. vielen psycholinguist. Systemen, crosslinguist. Interaction (CLIN) und Multilingualismfaktor/effect, Multilingualse sind schlechtere Sprecher als Monolinguale m. selben Bildungsbackground; Aufrechterhaltung u. Verlust als wichtige Aspekte – Merkmale dynam. Systeme = Nicht-Linearität, Umkehrbarkeit, gegenseit. Abhängigkeit, Komplexität
- Biotisches/ökolog. Modell (Aronin u. Laoire): Multilingualität betrifft innere Strukre e. Sprechers, nicht nur m. Sprache verbunden sondern verwoben m. Identität (Emotion, Einstellungen, Vorlieben, Ängste,...)
- Grosjeans Language Modes: Bilinguale finden sich in versch. Language Modes auf Monolingual-Bilingual-Kontinuum, Mode als state of activation der Sprachen u. Sprachverarbeitungsmechanismen
- Subset-Hypothese nach Paradis: neuroanatom. Repräsentation v. zwei Sprachen: 1) Extended System Hypothese (Sprachen undifferenziert repräsentiert, Erstsprachsystem zusätzl. Elemente angefügt), 2) Dual System Hypothese (beide Sprachen separat gespeichert), 3) Tripartite System Hypothese (was gemeinsam ist, nur einmal gespeichert, Rest separat), 4) Subset-Hypothese (Hyp. 1 u. 2 schließen sich nicht aus, zwei Aspekte desselben Phänomens); Bilinguale haben zwei Subsets neuronaler Verbindungen, eins für jede Sprache
- Crosslinguist. Influence: Transfer, Einfluss einer Sprache auf d. andere (Übergebrauch, Untergebrauch, Vermeidung v. Sprachformen, Funktionen u. Strukturen in einer Sprache wg. Einfluss d. anderen); betroffene Bereiche: Morphologie, Word order Regeln, Benennungen, Lexikon, Gesten,...interagierende Faktoren: Ähnlichk. Zw. Sprachen, Kompetenz in d. Sprachen, Lernkontext/Menge/Typ d. Sprachkontakts, Frequenz/Neuheit, metalinguist. Bewusstsein
- Herausforderung: manchmal eine Sprache f. wenige Minuten aktivieren, dann die andere, teilw. Können Sprachen nicht komplett getrennt werden (Isolation nur wenn ausschließlich in monolingualer Umgebung)
- Transfer: wenn Ähnlichkeiten zw. beiden Sprachen → selbes Textverständnis wie Monolinguale wenn keine Interferenzen, bei Interferenzen schneiden Bilinguale besser ab
- Rolle d. L1 bei L2-Lernen: positiver Transfer wenn ähnliches System, negativer Transfer (Genitiv-s als Plural-s)
- Lernen v. L3+: L2 als Korrektur- u. Kontrollinstanz f. weitere Fremdsprache, Bezugspunkt ist bewusst gelerntes u. analysiertes Wissen über L2
- L2-Effekt: Nicht- Muttersprache ist Quelle negativen Transfers, vor allem im lexikal. Bereich – L3-Lernen verwenden nicht mehr lexkal. Material od. gemischte Äußerungen, Quelle v. Interferenzen häufiger L2, Gründe: Reaktivierung d. L2-Lernmechanismen, bewusste Strategie L1 als Nicht-Fremdsprache zu unterdrücken

Sprachabbau

- Weder Erst- noch Zweitsprache sind immun zu Abbau – bei Nichtbenützung verschwinden sie bzw. sind weniger abrufbar bis das Wissen nicht mehr erreichbar ist und f. d. Praxis verloren geht

- Definition: Sprachverlust allgemein = decline of language proficiency of an individual or group of speakers, process of language attrition, lack of contact leads to reduced level of proficiency
- Sprachverlust generationsübergreifend (Wechsel L1, shift), innerhalb e. Generation/individuell (Abbau, attrition)
- Kontexte v. Verlust u. Abbau:
    o L1-Verlust in L1-Umgebung (Sprachtot, Dialektsterben)
    o L1-Verlust in L2-Umgebung (Migration)
    o L2-Verlust in L1-Umgebung (Sprachunterricht)
    o L2-Verlust in L2-Umgebung (Sprachverlust innerh. Migrationskontext)
- L2-Verlust: Altersvorteil (je älter desto besser), Techniken zum Wiederlernen (einfacher als neu lernen), zuletzt Gelerntes geht zuerst verloren, höhere Fähigkeiten → mehr wird erhalten, zweisprachiger Gebrauch/Code-Switching als Vorläufer v. Sprachabbau, produktive Fähigkeiten einfacher verloren als rezeptive
- L1-Verlust: Sprachen gehen niemals isoliert verloren, L1-Abbau gewöhnl. Beiprodukt v. Sprachkontakt in Migrationssettings – viele Auswanderer können aber Sprachfähigkeiten nach mehr als 10 Jahren aufrecht erhalten, was nach 10 Jahren noch da ist ist relativ stabil
- Modelle/Theorien: Regression, Sprachkontakt/Sprachwandel, Universalgrammatischer Ansatz, psycholinguist. Ansatz
- Was am frühesten gelernt wird ist unabhängig v. späteren Entwicklungen und eher resistent, Sprachabbau oft als Form v. Sprachwandel, beobachtbare Schwierigkeiten oft vorläufiger Natur
- L1-Abbau als Teufelskreis: weniger Fähigkeiten → weniger Verwendung → Abnahme d. Fähigkeiten
- Sprachl. Ebenen, Verletzlichkeit:
    o Lexikon: semant. Ausdehnung – Transfer dass Bedeutung in L1 passt (take/nehmen)
    o Morphologie: Verlust v. Kasus-Markierung, Verlust v. Genus-Markierung, Reduktion v. allomorphemat. Variation, Verschiebung v. Verwendung d. Flexionsmorphologie zu analyt. Formen, mehr periphrastische Konstruktionen, Versprachlichung v. grammat. Relationen durch Lexeme
    o Syntax: Reduktion d. syntaktischen Möglichkeiten bei weniger Kontakt, größerer Zugang durch Interaktion m. flüssigen Sprechern
- Soziolinguist. Faktoren: Alter (Länge zw. Erlernen u. Verlust hat keine Bedeutung f. d. Verlustprozess), Bildung (ambivalenter Faktor), Zeit (meistens in d. ersten Dekade d. Auswanderung), Geschlecht (abhängig v. kulturellen Setting), Kontakt (Gelegenheit u. Entscheidung), Einstellung u. Motivation (Haltung zur Sprachgemeinschaft u. Sprachenlernen), Gemeinschaftsfaktoren/Identität/Ethnizität (sprachl. Anpassung an d. Gruppe zu der man gehört)
- Anforderungen an Studien: Vergl. m. Daten v. nicht d. Abbau ausgesetzten Personen, monolinguale Gruppe/Korpusdaten d. Sprache, soziolektale/dialektale Variation ausgeschlossen, Klassifizierung d. Fehler v. mehr als einer Person, linguist. Komplexitätsindex (was bleibt vorhanden!)
- Perzeption v. L1-Verlierern (Tolerance Saturation Point): Beurteilung/Ratings v. Muttersprachlern – Feststellung, inwiefern jem. muttersprachl. od. fremd klingt, Daten m. objektiv beobachtbaren Fehlern od. Strukturen vergleichen → Toleranzsättigungsgrenze: Ab welcher Sprechqualität noch Muttersprachler

---

Sprache u. Alter

- Altern als Zukunftsthema, Kommunikation älterer Menschen untereinander u. m. Jüngeren sträflich vernachlässigt in sprachwiss. Forschung
- Abweichungen v. d. Norm: Sprache d. Jugend – identitäre Funktion, kryptische Funktion, ludische Funktion
- Sprechen v. älteren Menschen: homogenes alterssprachl. Subsystem als Gerontolekt existiert nicht, Sprache im Alter = nicht Sprachsystem sondern Sprachgebrauch, nicht sprachl. Repertoire (veraltende Ausdrücke) sondern Sprachproduktion u. Sprachverstehen im hohen Lebensalter
- Definition v. Alter: biolog. Alter= biokognitives Alter (zw. Aufrechterhaltung geist. Fähigkeiten u. physischen Veränderungen d. Gehirns) u. biophysisches Alter (beschreibt Auswirkungen d. phys. Verschleißerscheinungen d. Körpers), soziales Alter (altersunabhängige Teilhabe an gesellschaftl.

- Prozessen, soziale Hierarchiestufen, Einstufung in Altersgruppen nach Besitz gesellschaftl. Funktionen), drittes Alter (Junge Alte bis 75 od. 85), viertes Alter (Hochbetagt ab 75/85)
- Altersbedingte Verluste im sehr hohen alter in allen kognitiven Funktionsbereichen stärker ausgeprägt, aber enorme individuelle Spannweiten, selbst ähnl. Prozesse individuell unterschiedl. erlebt
- Methoden zu Sprache im Alter: kognitionspsycholog. Forschung – Sprachverarbeitung als kognitive Fähigkeit, sprachl. Leistungsfähigkeit (Versprecheranalyse, Pausenmessungen, Laut-Denk-Protokolle, kontrollierte Elizitation, neurophysiolog. Experimente)
- Lifelong Learning: Plaeau- vs. Permanenzmodell – Spracherwerbsprozess endet m. Adoleszenz vs. lebenslanger Lernprozess
- Kognition im höheren Lebensalter: Berliner Altersstudie erweitert um longitudinale Folgeerhebung bis 2009 – 14 kognitive Tests zu Wahrnehmungsgeschwindigkeit, kombinierendes Denken, Gedächtnis, Wortflüssigkeit, gespeichertes Wissen → alle 5 Fähigkeiten nehmen m. d. Alter linear ab aber nicht im gleichen Umfang, Fähigkeiten sind bei Älteren hoch u. korrelieren gleichförmig miteinander, interindividuelle Unterschiede, sozialstrukturelle Unterschiede wirken sich weniger deutlich auf Kognition aus als biolog.-medizin., Merk- u. Lernfähigkeit bleibt erhalten
- Arbeitsgedächtnis: unmittelbar v. d. Person kontrolliertes Feld d. Aufmerksamkeit, Wissensspeicher vs. Wissentransformation: Wahrnehmungsgeschw. u. kombinierendes Denken weitgehend biolog. Bedingt, Wissenskomponente kulturell geprägt (fluide Intelligenz u. kristalline Intelligenz), geist. Geschw. u. Flexibilität neue Probleme zu lösen nehmen ab, Wissensbestände u. Meta-Wissen werden größer
- Inhibition: Fähigkeit Wahrnehmungen, die in gegebenem Kontext nicht aufgabenrelevant sind, zu unterdrücken, zielgerichtetes Handeln → Stroop-Effekt, komplexes Lese- u. Hörverständnis schwieriger im Alter
- Plastizität: neuronaler Umbau, zusätzl. kognitive od. neuronale Ressourcen werden f. Verarbeitung normaler Sätze gebraucht, Einfluss d. geistigen Aktivität auf Formbarkeit unterstrichen, Gehirn kein starrer Informationsspeicher, fluide Erregungszustände in Netzwerken, ständig modellierbare Verbindung v. Form u. Funktion
- Konkret beobachtbare Phänomene:
  - Schrifl. Wortproduktion: mehr Rechtschreibfehler
  - Mündlichkeit: abnehmende Benennungskompetenz, langsameres Beschreiben, häufiger Tip-of-the-tongue-Phänomen
  - Syntakt. Phänomene schlecht untersucht
  - Häufiger Neubeginne u. Wiederholungen beim Erzählen
  - Abschweifungen v. Thema
  - Age Marker: Vergangenheitsperspektive, Identifizierung m. Vergangenem, Thematisierung v. Wandel, Formulieren aus Endposition
- Positive Auswirkungen d. Alterns auf sprachl. Fähigkeiten: Erkennen v. phonotakt. Regelhaftigkeiten beim ersten Input, interlinguales Inferieren
- Kritische Periode: keine klar abgrenzbare krit. Periode f. Erst- u. Zweitsprachlernen → Altersvariable nur ein Faktor, der unterschiedl. Arten d. Sprachgebrauchs v. mehrsprachigen Individuen erklären hilft, wenig Studien zu Sprachenlernen im Altern
- Gebrauch u. Lernen v. Sprachen u. Varietäten beruhen auf kognitiven u. artikulator. Fertigkeiten, letztlich auf neuronalen Prozessen

Variabilität v. Kompetenzen bei (Nicht-)Muttersprachlern

- Kompetenzmessung: in angewandter Linguistik breiter Kompetenzbegriff (sprachl. Kompetenz im Ber. Sozialkompetenz, als kommunikative Kompetenz → ermögl. Sozialen Austausch zw. Individuen /Gruppen, werden auf versch. Ebenen erworben), native speaker häufig als Maßstab – Definition aber schwer fassbar
- Wissen v. Native Speakern: L1-Professionalität bei Erwachsenen sehr variabel, je nach Intelligenz od. Bildungsniveau, Karriere, Freizeitaktivitäten,… → Elemente d. Sprache (Phonologie, Morphologie, Syntax, Vokabular), Modalitäten d. Sprache (Hören, Sprechen, Lesen, Schreiben), die v. allen Native Speakern erworben werden und welche nur von manchen und wann

- Native-Speaker-Konzept als Mythos? Lange waren Native Speaker einzige u. verlässliche Quelle f. Sprachdaten – viel weltweite Kommunikation findet aber zw. Leuten statt, die nicht ihre Muttersprache verwenden
- Fakten:
    - Kind kann mehr als eine Sprache muttersprachl. erwerben wenn der Prozess bald bzw. jedenfalls präpubertär beginnt
    - Konzept d. Native Speakers nicht fiktional, aber „Mitgliedschaft"
    - Native Speaker trägt Tradition, zeigt normale Kontrolle in flüssiger Sprache, hat charakterist. Strategien zu Produktion u. Kommunikation
- 6 Dimensionen d. Muttersprachler-Daseins (bei L2 kann alles bis auf 1 mit Ja beantwortet werden)
    - Erwerb im Kindesalter
    - Intuitionen über idiolektale Grammatiken
    - Intuitionen über Merkmale d. standardsprachl. Grammatik
    - Pragmat. U. diskursive Kontrolle
    - Schriftl. Kreative Fähigkeiten
    - Übersetzungsfähigkeit
- Für Erwachsene nicht-muttersprachler ist es schwierig native speaker zu werden, aber kann kommunikative Kompetenz erwerben, schwierig sind Geschwindigkeit u. Sicherheit im Wissen (wichtig f. Grammatikentscheidungen), auch große Sprachunterschiede zw. native speakers; v. sozialen Standpunkt ist native speaker jemand, der Sprache als Kind lernt und bis zum Erwachsenenalter beibehält, native speaker ist nicht notwendigerweise monolingual
- BLC (basic language cognition) vs. HLC (higher language cognition): um Gemeinsamkeiten u. Unterschiede zw. Sprachfähigkeiten d. native speaker zu erklären zwei Arten der Sprachfähigkeit – BLC und HLC (extended language cognition) – Sprachkompetenz nicht als Kontinuum sondern Dichotomy, in Lexik, Morpho-Syntax und Pragmatik sind wenige Elemente die häufig auftreten und viele Elemente die eher unregelmäßig auftreten → bewiesen werden müsste: Alle Muttersprachler können Sprache m. hochfrequenten Elementen u. Strukturen schnell u. richtig verstehen u. produzieren; Individuelle Unterschiede bei HLC-Aufgaben, aber alle erreichen Obergrenze v. BLC, Geschwindigk. d. Verarbeitung nimmt m. zunehmendem Alter ab, es sei denn Sprache wird regelmäßig verwendet
- Native Speaker nach Hulstijn: erwirbt Sprache als Kind (vor Schule), erhält sie bis ins Erwachsenenalter, hat BLC und vielleicht Elemente v. HLC, Status v. Muttersprachlern u. L2-Gebrauchern: frühe Bilinguals können native speaker Professionalität in mehr als einer Sprache erwerben, BLC erwerbbar für L2-Lerner in Vokabular u. Grammatik aber nicht in Aussprache u. Spontangrammatik, L2-Lerner können professionell in HLC werden wie L1 des selben intellektuellen u. Bildungsstandes, Wahrscheinlichkeit mit der jem. BLC in zwei od. mehr Sprachen erwirbt beeinflusst durch Alter, Menge d. Aussetzung u. produktive Verwendung
- Ähnlichkeiten/Unterschiede zu anderen Theorien:
    - Bernsteins Theorie zu elaboriertem u. restringiertem Code: soziolog. Fokus, soziale Klasse u. epistemolog. Status – restricted code in mündl, informeller Kommunikationssituation (limitiert), elaborated code in formellen Situationen (wide range)
    - Cummins BICS und CALP: BLC spezifischer als BICS, Wichtigkeit v. CALP f. Schulerfolg – inwieweit sind individuelle Unterschiede in kognitiven Fähigkeiten in Zusammenhang m. Unterschieden in Sprachfähigkeiten
    - Bialystoks Analysis u. Control: 2 Dimensionen Analyse u. Kontrolle, prozessorientierter Ansatz, basiert auf identifizierbaren kognitiven Operationen, kein Widerspruch d. Modelle
    - Cooks Multicompetence: BLC als strategisches Tool, um empir. zu forschen
- Variabilität bei L1-Sprechern: Alter u. Bildung relevant bei Wortlisten-Lernen, Bildbenennung, Bildbeschreibung, Lexik, Verstehen v. komplexen syntakt. Strukturen
- Vielschichtigk. v. Kompeten – Komplexität, Richtigkeit, Flüssigkeit: in Spracherwerbs- u. Sprachgebrauchsforschung versch. Maße u. Index um Sprachkompetenz zu erfassen – Komplexität = Fähigkeit eine große Bandbreite v. unterschiedl. Strukturen verwenden zu können; Richtigkeit = Fähigkeit zielsprachl. u. fehlerfrei zu sprechen; Flüssigkeit = Fähigkeit m. muttersprachl. Geschw., Pausen, Zögerungssignalen u. Reformulierungen zu sprechen → CAF (complexity, accuracy, fluency)

- Kognitive Komplexität vs. linguist. Komplexität: kognitive K. = relativ/subjektiv, Schwierigkeit mit der Sprachliches verarbeitet wird; linguist. K. = Teilkomponente, objektiv quantifizierbar, Menge an intrinsich formal od. semantisch-funktionalen Eigenschaften d. Sprache
- Äquikomplexität: alle Sprachen gleichermaßen komplex, alle Menschen aus versch. Sprachräumen m. denselben mentalen, kulturellen u. biolog. Fähigkeiten ausgestattet
- Ebenen d. Komplexitätskonstrukts: globale Komplexität d. L2-Repertoires = Breitenphänomen d. L2-Kompetenz – linguist. K. (Grad d. Elaboriertheit, Breite, Reichhaltigk. i. Hinblick auf sprachl. Strukturen), propositionale K. (wie viele inhaltl. Einheiten koordiniert), diskursive K. (Anzahl u. Art d. Turn changes); auf lokaler Ebene (strukturelle Komplexität)
- Einfluss d. Aufgabe: Robinsons Cognition Hypothese, Skehan u. Fosters Limited Attentional Capacity Model gleiche Voraussagen f. Flüssigkeit: direkte Aufmerksamkeit auf Sprachform → korrekterer Output, komplexere Aufgaben → weniger Flüssigkeit (Priorität Bedeutung vor Form)
- Direktes Testen: beurteilen ob Aufgabe erfolgreich im kommunikativen od. pragmat. Sinn gelöst; indirektes Testen: Messen v. Richtigkeit, Komplexität, Flüssigkeit
- Arten v. Flüssigkeit: Abbruch-Flüssigkeit, Geschwindigkeits-Flüssigkeit, Reparierungs-Flüssigkeit – Aufgabenkomplexität sollte Flüssigkeit negativ beeinflussen
- Lexikal. Diversität: Cognition Hypothese → Einbußen b. Flüss. kommen gesteigerter Komplexität zugute
- Vergl. Native- u. Non-Native Speaker: Native Speaker besser bei schwierigeren Aufgaben, mehr Vokabular; Non-Natives schwächer b. schwierigen Aufgaben, verwendeten aber lexikal. mehr Elemente
- Komplexitätsmaße: morpholog. (Anzahl v. Exponenten, Flexionsmorpheme), syntakt. (Phrasenlänge, Anzahl v. Phrasen pro Satz, Sätzen pro Äußerung), lexikal. (Type-Token-Verhältnis)

Messen/Testen v. allgem. Sprachkompetenz

- Instrumente zu Sprachstandsüberprüfung: mehr Aufmerksamk. In d. Schule, Förderbedarf frühzeitig aufdecken, Sprachtests i. Sinne pädagog.-psycholog. Diagnostik = theoret. U. empir. fundierte Verfahren zur kontrollierten Auslösung v. diagnost. Relevantem Verhalten durch standardisierte Reize → Rückschlüsse auf sprachl. Kompetenzen wie Hörverstehens- / Schreibkompetenz, Wissensstände, Grammatikkenntnisse
- C-Test = schriftl. integrativer Sprachtest zur Messung d. allgem. Sprachstands, Systematisierung v. Lückentext-Tests, beruht auf Konzept d. reduzierten Redundanz (Cloze-Tests als Vorläufer, closure als Begr. d. Gestalttheorie, Wahrnehmung tendiert dazu Gestalten zu komplettieren)
  Vorteile u. Charakteristika:
    - erfassen allgem. Sprachstand
    - 5 Texte m. je 20 od. 25 Lücken (Prinzip: Anfang u. Ende 1 vollständiger Satz, zweite Hälfte jedes zweiten Wortes weg)
    - schriftl. Bearbeitung max. 30 min.
    - objektiv u. genau
    - meisterforschte Sprachtests, weltweit angewendet, in vielen Sprachen verfügbar
    - leicht zu entwickeln, ökonom. in Durchführung u. Auswertung
- Prinzipien d. Sprachtests: Reliabilität – selbe Ergebnisse heute u. morgen; Validität – misst was er messen soll
- Zwecke d. Testens: Eignung, Einstufung, Diagnose, Fortschritt, Erfolgsmessung, Sprachbeherrschung
- Warum C-Test? Gut erforscht, hilft allgem. Förderbedarf zu erkennen, Leseentwicklung verfolgen, valide und reliabel, ökonom., in versch. Sprachen
- C-Test f. Sekundarstufe: geeignete Basistexte wählen, Manipulation beg. m. 2.Wort im 2.Satz – 20 Lücken, letzter Satz fehlerfrei
- Auswertung: 2 Ergebniswerte – RFW (richtig/falsch-Wert, erkannt u. formal richtig = 1P), WEW (Worterkennungswert, semant. korrektes Wort, 1P wenn formal nicht richtig realisiert) → 20 RFW-Punkte u. 20 WEW-Punkte → Differenz gibt Verhältn. v. produktiven u. rezeptiven Fähigkeiten an Niedriger Differenzwert oben – gute allgem. Sprachkenntnisse, niedriger Differenzwert unten – fehlendes Textverständnis, hoher Differenzwert oben – sprach-formale Schwierigkeiten, hoher Differenzwert unten – fehlendes Textverständnis + sprach-formale Schwierigkeiten

- Sprachdiagnose u. Sprachförderung: auch als Übungsform od. Teilfertigkeitstest, hilft Lesestrategien auszubilden od. zu aktivieren (Leseförderung) → übt lexikal. Strategien (Durchsuchen d. Wortspeichers), syntakt. Strategien (Wissen über Satzbau, Wortformen), morpholog. Strategien (Wissen über Flexion), textbezogene Strategien (Informationen über Satzgrenzen hinweg, Hintergrundwissen), selektives Lesen (suchen nach Schlüsselwörtern), Selbstkontrolle (Überprüfen v. Textverständnis)
- Positive Folgen: Sensibilisierung f. korrekten Sprachgebrauch, Weiterentwicklung v. Lese- u. Texterschließungsstrategien → Sprache testartig produzieren
- Sprachstand auch m. Texten u. Gesprächen einschätzen (Profilanalyse n. Grießhaber)

Synthese

- Kompetenz als theorierelevantes u. mehrdimensionales Konstrukt: Kompetenzbegr. Lange Geschichte, Kompetenz mehrdimensional, Kompetenz theorierelativ = hat innerhalb d. spezif. Konstruktion e. Theorie eine definierte Bedeutung
- Grundmerkmale v. Kompetenz: durch Handeln sichtbar, nicht direkt messbar, situations- u. kontextabhängig, kein statisches Konstrukt, veränderbar, v. Zielsetzung abhängig
- Perspektiven v. Sprachkomp. In Erst- u. Zweitsprache: Integriertheit (Gesamtrepertoire, keine Sprachkabinen), Kontinuität (statt kategorischer Phänomene u. aufbauender Charakter), Gebrauchsbasiertheit (Häufigkeit u. Input zentral)
- Sprachkompetenz u. Sprachgebrauch: Linguist. Fähigkeiten d. Sprechers werden konstituiert v. Regeln d. mentalen Prozesse → kein Sinn in d. Unterscheidung v. Kompetenz u. Performanz, Performanz als Teil d. Sprechers Kompetenz
- Sprache als Evidenz über Personen: Personen aufgrund ihres Sprachgebrauchs beurteilt (z.B. Telefon: Klang d. Stimme, Akzent, Intonation als Hinweise auf Abstammung, Alter, soziale/berufl. Gruppe, Launen/Haltungen)

BEI GRIN MACHT SICH IHR WISSEN BEZAHLT

- Wir veröffentlichen Ihre Hausarbeit, Bachelor- und Masterarbeit

- Ihr eigenes eBook und Buch - weltweit in allen wichtigen Shops

- Verdienen Sie an jedem Verkauf

Jetzt bei www.GRIN.com hochladen und kostenlos publizieren